GUÍA DE LECTURA

Escrita por Amélie Dewez
Traducida por Marta Sánchez Hidalgo

La vida ante sí

de Romain Gary
(Émile Ajar)

Entiende fácilmente la literatura con

ResumenExpress.com

www.resumenexpress.com

ROMAIN GARY

NOVELISTA FRANCÉS

- **Nacido en 1914 en Lituania**
- **Fallecido en 1980 en París**
- **Algunas de sus obras:**
  - *Las raíces del cielo* (1956), novela
  - *La promesa del alba* (1960), novela
  - *La vida ante sí* (1975), novela

Romain Gary (cuyo verdadero nombre es Romain Kacew y conocido por el pseudónimo de Émile Ajar) es un novelista francés de origen judío, nacido en 1914 en Lituania. Llega a Francia con 14 años. Después de licenciarse en derecho, se alista al ejército francés libre donde permanecerá hasta el final de la Segunda Guerra Mundial. Cursa estudios de diplomacia hasta 1960. Se suicida en 1980 en París.

Romain Gary es el único escritor francés que ha ganado dos veces el premio Goncourt: la primera vez con su novela *Las raíces del cielo*, publicada con el apellido Gary, y la segunda vez en 1975 por *La vida ante sí*, publicada con el pseudónimo Ajar. Romain Gary es conocido, principalmente, porque nunca quiso revelar su verdadera identidad.

LA VIDA ANTE SÍ

UNA OBRA MAESTRA

- **Género:** novela
- **Edición de referencia:** Gary, Romain. 2014. *La vida ante sí*. Traducido por Ana María de la Fuente. Barcelona: Debolsillo
- **Primera edición:** 1975
- **Temáticas:** amor, identidad, futuro, infancia, emancipación, imaginación

La vida ante sí, segunda novela publicada bajo el seudónimo Émile Ajar, recibe el premio Goncourt en 1975. Se trata de una historia de amor entre Momo, un niño de once años, y la señora Rosa, una antigua prostituta con la que vive. La señora Rosa acoge clandestinamente a niños de prostitutas en su apartamento de Belleville. La particularidad de *La vida ante sí* es la narración en primera persona del joven Momo, que cuenta lo que le rodea desde su punto de vista con un lenguaje muy propio.

Para engañar a la prensa, Romain Gary le pidió a un pariente cercano, Paul Pavlowitch, que actuara como Ajar delante del público. En 1980 cuando murió Gary, el público descubrió el engaño.

RESUMEN

Momo, un niño de once años hijo de una prostituta vive «en el sexto piso sin ascensor» (Gary 2014, cap. 1) en casa de la señora Rosa, que lo ha acogido en su apartamento de Belleville. Conocerá sus raíces más tarde cuando vea por primera vez a su padre, que le cuenta las circunstancias de la muerte de su madre y su verdadera edad. En todo este tiempo, la señora Rosa le mintió por amor, por mantenerlo más tiempo con ella. Junto con Moisés, Banania y Michel, es uno de los niños que las prostitutas dejan en casa de la señora Rosa a cambio de dinero. La guardiana de los niños es una anciana deportada de Auschwitz que sufre muchas angustias. Un día Momo descubre su escondite judío, un sitio secreto en el sótano: la señora Rosa le pide que no se lo cuente a nadie, cosa que Momo no hace. Desde entonces, los niños se divierten jugando con el miedo de la señora Rosa y llaman repentinamente a la puerta para que le entre el pánico.

Allí Momo pasa mucho tiempo con el señor Hamil, con el que habla del significado de la vida. Como el niño necesita afecto, pide un perro y decide robar un cachorro de caniche gris al que llama Super. Se encariña con él muy rápido, pero se lo da a una señora rica a cambio de quinientos francos que tirará de inmediato en una alcantarilla. La señora Rosa, preocupada por las rabietas del niño, se pregunta si no es hereditario y se lo consulta al doctor Katz, que la tranquiliza. Pero, en la sala de espera del médico, Momo cuenta cómo llama a «su leona», un personaje imaginario que le sirve de consuelo, pero que reaviva las pesadillas de la señora Rosa.

Además, se ha inventado un amigo: Arthur, un paraguas vestido con el que sale a la calle para actuar y conseguir un poco de dinero.

La señora Rosa recibe la visita del proxeneta del barrio, el señor N'Da Amédée, al que escribe cartas. Uno de sus dos guardaespaldas sienta a Momo en las rodillas, lo que provoca una nueva crisis de violencia en el niño.

Luego descubren que el estado de salud de la señora Rosa empeora poco a poco: Momo se preocupa por ella y por él. Tendría que ir al hospital, pero rechaza el ensañamiento terapéutico. Momo, preocupado por su futuro, va a Pigalle a conseguir dinero «prostituyéndose»: lo único que consigue es llamar la atención de las prostitutas que lo miman como si fuera su hijo. Conoce a la señora Nadine mientras contempla el escaparate de un centro comercial en el barrio de la ópera: hay un circo mecánico donde las estrellas, los funámbulos, los payasos y sus actuaciones están en movimiento. En un brote de esperanza, la sigue a su casa.

Sabemos que es el día que él eligió como fecha de su cumpleaños: sin embargo, está solo en su cumpleaños y tiene ganas de morirse. Va a casa del señor Hamil, que también está cada vez más viejo. Ese día, Momo vuelve a ver por casualidad a la señorita Nadine. La sigue por una sala donde ve una escena donde las imágenes iban al revés: «era una especie de cine, pero en el que todos andaban hacia atrás» (Gary 2014, cap. 14).

La chica trabaja en un estudio de doblaje: «su oficio era hacer hablar con voz humana a los de las películas» (Gary

2014, cap. 15). A Momo le fascina la posibilidad de volver atrás en el tiempo.

Mientras tanto, el estado de la señora Rosa sigue empeorando: sufre largos episodios de pérdidas de memoria y teme tener cáncer y encontrarse en el hospital como una hortaliza. El vecindario y el señor Hamil se enteran de que la señora Rosa está enferma, pero Momo prefiere vagar por las calles antes que quedarse al lado de una señora Rosa que se debilita.

El vecindario se moviliza por la señora Rosa: la señora Lola (un vecino travesti) los ayuda, y también los hermanos Zaoum (mozos de mudanzas) que ofrecen sus servicios para transportar a la anciana: la pasean por la calle. El señor Hamil, también menguado por la vejez, repite a Momo que no es un niño como los demás. Un día, éste se encuentra a la señora Rosa desnuda en el apartamento: estaba vistiéndose para ir a trabajar. El niño piensa que si la expone a fuertes emociones, volverá a ser ella.

Entonces estalla la catástrofe nacional: Momo conoce por primera vez a su padre Kadir Yussef que, después de haber estado encarcelado en un hospital psiquiátrico por el asesinato de su mujer, prostituta y madre de Momo, llegar una tarde en la que la señora Rosa está lúcida, para recuperar a su hijo que le dejó once años antes. La señora Rosa finge que ese día recibió a dos niños y que se confundió: hizo pasar al pequeño Moisés (judío) por el hijo de Kadir Yussef (musulmán), que muere de una crisis cardíaca de la impresión. Momo se alegra de tener de golpe cuatro años más, pero se pregunta que será de él ahora que está solo. Vuelve a ver a la señora Nadine y a su marido, conmocionado, y establece un vínculo con la pareja, a la que acaba contando su historia. Pero la unión se rompe cuando los niños de Nadine llegan y Momo, como se siente juzgado, huye.

Un poco más tarde, el doctor Katz pide firmemente que trasladen a la señora Rosa al hospital. Momo le pide que recurra a la eutanasia. El doctor se niega, pero se asombra ante tal petición y destaca su sensibilidad.

Aunque el médico insiste en llevar a la señora Rosa al hospital, Momo le miente inventándose la llegada inminente de la familia de Israel (se lo inventa completamente) que la cuidará. El hospital no es necesario. La señora Rosa, que ha oído todo, se lo agradece a Momo.

A medida que el estado de la señora Rosa empeora, Momo calma al vecindario con su mentira. Organiza el traslado de ésta a su escondite judío que nadie conocía: allí podrá morir tranquilamente. Unos días más tarde, la señora Rosa vive sus últimos instantes al lado de Momo, que la maquilla y perfuma. Permanece tumbado junto a su cadáver durante tres semanas.

Al final de la novela, se ve que el relato de Momo es para la señorita Nadine y Ramón, la pareja que se ha encargado de él.

ESTUDIO DE LOS PERSONAJES

MOMO

Momo, el narrador de la novela, es un niño de entre 10-11 años. Es hijo de una prostituta y desde que tiene 3 años lo acoge una antigua prostituta: la señora Rosa.

Momo no sabe nada de sus raíces. Se entera por casualidad de que todos los niños tienen una madre y desde entonces, busca la suya con ansias.

Se pregunta mucho por su existencia. Lo que sabe sobre su propia vida es poco: sabe que es musulmán («Durante mucho tiempo, no supe que era árabe porque nadie me había insultado todavía», Gary 2014, cap. 1) y que se llama Momo («Yo me llamo Mohamed, pero todos me llaman Momo que es más de niño», Gary 2014, cap. 1). Sospecha que hay misterios en torno a él, sobre todo sobre su edad.

A veces Momo sufre crisis de cólera que angustian a la señora Rosa. Esta teme que Momo haya heredado los mismos «defectos psiquiátricos» que su padre. El señor Hamil y el doctor Katz, con los que Momo crea verdaderos lazos de afecto, reconocen que Momo tiene una gran sensibilidad que le hace ser un niño distinto de los otros.

El niño desarrolla una relación increíblemente tierna con la señora Rosa. Hace todo por ella y se preocupa por lo que pasará en un futuro una vez que ella no esté allí («Éramos todo lo que teníamos en el mundo y algo es algo», Gary

2014, cap. 23). Pero Momo es un niño con muchos recursos: en él mismo encuentra las competencias necesarias para salir de una existencia difícil (se evade en sus sueño, conoce a la señorita Nadine) desarrollando una rica vida interna.

Momo describe, según su visión de las cosas, su manera de entender el mundo y con un lenguaje propio, el mundo que le rodea. El conjunto del libro está organizado según su percepción de los sucesos. Cuenta los recuerdos que tiene, poco importa narrarlos en orden cronológico o no, desarrollando un lenguaje que caracteriza más al relato y que colorea la historia.

LA SEÑORA ROSA

La señora Rosa, una judía polaca, antigua deportada de Auschwitz y una ex prostituta, acoge a los niños de las prostitutas en su apartamento de Belleville. Es vieja, gorda y poco seductora. Sin embargo, sigue siendo coqueta y pone especial atención en perfumarse y maquillarse.

La señora Rosa mantiene una relación muy tierna con Momo, el niño mayor que vive en su casa y del que se ocupa a cambio de una paga mensual de trescientos francos. La señora Rosa es una verdadera madre de adopción o de sustitución de Momo. Le transmite amor, pero también miedo. Un temor que será el motor para que el niño conozca a la señorita Nadine y a su marido.

Su salud flaquea a lo largo del libro. Teme «acabar como una hortaliza» en un hospital. Así pues, hace prometer a Momo que impedirá todo intento de ensañamiento terapéutico a su persona.

Le ayudan a mudarse en secreto a un «escondite judío», una habitación rudimentaria en el sótano que sólo conocía Momo y donde ella morirá.

EL DOCTOR KATZ

El doctor Katz es el médico judío que se ocupa tanto de Momo como de la señora Rosa. Hace de padre sustituto del narrador («Mirándolo, muchas veces pensé que si yo hubiera tenido un padre, sería el doctor Katz el que habría escogido», Gary 2014, cap. 3).

Reconoce que el niño tiene mucha sensibilidad y le conmueve ver cómo se moviliza para evitar la tortura de la señora Rosa en el hospital. Sin embargo, se niega a recurrir a la eutanasia cuando Momo se lo pide «entre judíos». El doctor Katz es testigo del afecto recíproco que une a Momo y la señora Rosa. Su sala de espera es como un asilo para el niño, a donde va para evadirse en sus fantasías.

EL SEÑOR HAMIL

El señor Hamil, un vendedor ambulante de alfombras retirado, pasa todo el tiempo en la cafetería del señor Driss leyendo el Corán y *Los miserables* de Victor Hugo (escritor francés, 1802-1885). El señor Hamil es el amigo de Momo, es un musulmán ya mayor que le enseña al niño todo lo que sabe («No sé lo que habría sido de mí de no ser por el señor Hamil, que me ha enseñado todo lo que sé», Gary 2014, cap. 12).

El señor Hamil y Momo mantienen una relación basada en la conversación. Hablan principalmente de la sabiduría humana. Al anciano, al igual que al doctor Katz, le conmueve la sensibilidad de Momo. El niño se evade con él y con sus reflexiones. El señor Hamil le promete un futuro de poeta o de escritor. En resumen, los adultos incitan al narrador a que haga de su sensibilidad la capacidad motora en la creación de una vida positiva.

ARTHUR

Arthur es el amigo imaginario de Momo. Se trata de un paraguas vestido de arriba abajo («Le hice una cabeza con un trapo verde enrollado en el mango, y con la barra de labios de la señora Rosa le pinté una cara simpática, con una boca que se reía y unos ojos redondos», Gary 2014, cap. 9). Momo usa este paraguas como apoyo moral y financiero: los días difíciles, Arthur le permite ganar dinero en la calle.

LA SEÑORITA NADINE

La señorita Nadine es la mujer que Momo conoce el día que contemplaba el escaparate de un centro comercial cerca de la ópera. Le impresiona la maqueta del circo y a Nadine le afecta verle pasmado ante el espectáculo. Crean un vínculo muy fuerte que permite a Momo albergar esperanzas para cuando la señora Rosa se haya ido en un futuro («Era delgada y por su forma de andar se adivinaba que hubiera podido subir los seis pisos corriendo varias veces al día y con paquetes», Gary 2014, cap. 11).

Momo contará su vida a Ramón (marido de Nadine y psi-
quiatra) y Nadine, que lo acogerán al final del libro.

CLAVES DE LECTURA

EL LENGUAJE DE MOMO

La característica principal de *La vida ante sí* es tener un narrador de tan sólo 11 años. La voz que relata es también la que le da color a la historia porque Momo usa un lenguaje muy propio.

Además, Momo evoluciona en el seno de un ambiente popular particular: la prostitución. Las palabras también describen este contexto duro y crudo. Pero las que usa Momo se vuelven tiernas y no muestran *un* lugar (el de la prostitución), sino *el* lugar de Momo (en el que evoluciona y crece).

El empleo de las palabras y el lenguaje de Momo también tienen importancia en el sentido de que estas fundan la novela, la singularizan: «La señora Rosa decía que un niño estaba pasmado cuando tenía pasmo, como el nombre indica. Quiere decir que no quería saber nada de la vida y se ponía raro. Es lo peor que puede pasarle a un crío, dejando aparte todo lo demás», Gary 2014, cap. 7; «Moisés volvió al día siguiente tal como había prometido y entonces se produjo la catástrofe nacional de la que he tenido el honor y que me hizo envejecer de golpe», Gary 2014, cap. 20; etc.

La particularidad del lenguaje de Momo reside sobre todo en el hecho de que Romain Gary imita varios rasgos de la lengua oral:

- usa muchos demostrativos «El doctor Katz dice que esta edad no tiene compasión y que a partir de los sesenta y cinco y setenta años uno ya no interesa a nadie» (Gary 2014, cap. 21);
- el lenguaje es vulgar y familiar: «puta», «lela», «zurrar», etc.;
- la pronunciación es aproximativa: «Ahora ya sé que se dice proxeneta y no proxeneta como decía cuando era niño, pero todavía no me he acostumbrado» (Gary 2014, cap. 24).

La lengua juega con el sentido de las palabras tal y como las entiende Momo, que confunde la verdadera acepción con los términos empleados: «No puedo decírselo con exactitud, porque resulta que no tengo fecha» (Gary 2014, cap. 1); «Son historias de chiquillos que no habían podido abortarse a tiempo y que no eran necesarios» (Gary 2014, cap. 2); «¿Tú sabes lo que es una puta? Una persona que se busca la vida con el culo» (Gary 2014, cap. 2); «Más adelante, hizo Marruecos y Argelia» (Gary 2014, cap. 7), etc. También usa muchas expresiones (no siempre de forma correcta): «Crean en mi vieja experiencia [de Momo]» (Gary 2014, cap. 23).

Al final del libro, Momo habla de su propio lenguaje e indica que es consciente de emplear palabras con un uso personal: «Les juro que aquellos cuatro años que había recuperado de golpe se notaban y me había acostumbrado muy pronto a pensar como es debido» (Gary 2014, cap. 29); «Ahora ya sé que se dice proxeneta, pero es la costumbre» (Gary 2014, cap. 30).

UNA NOVELA SOBRE LOS ORÍGENES Y EL FUTURO

Momo evoluciona durante todo el libro entre la necesidad de saber de dónde viene y la de saber qué será de él cuando la señora Rosa muera.

El libro empieza por la cuestión de los orígenes con el misterio maternal. Momo va en busca de su madre, de una madre. Busca tanto la que le ha traído al mundo como la que reemplazará a su madre de sustitución, la señora Rosa. Además, intenta captar la atención de muchas mujeres en el libro.

Pero también está la cuestión del padre, tanto del soñado (cuando deja de idealizar a un padre poli, piensa que el doctor Katz sería un buen padre) como del padre real: Kadir Yussef que llega un bonito día a su vida.

El padre verdadero muere (abatido por una crisis cardíaca letal), dejando a Momo sin la posibilidad de relacionarse por vínculos de sangre poco significativos («De todos modos, yo volví a bajar, me senté al lado del señor Kadir Yussef muerto y me quedé un rato con él, aunque ya no pudiéramos hacer nada el uno por el otro», Gary 2014, cap. 22). Tanto la muerte de este padre como la de la señora Rosa son, de cierta manera, la oportunidad de crearse una vida nueva y de superar sus orígenes.

Cuando en 1974 publica *Mimos*, la primera novela firmada por Émile Ajar, el círculo literario parisino se altera por completo. No se sabe quién se esconde tras esa pluma original e inventiva y surgen todo tipo de hipótesis más o menos descabelladas sobre la verdadera identidad del autor: unos afirmaban que se trataba de un terrorista libanés y otros creían reconocer la obra de «grandes escritores» como Queneau o Aragon.

El misterio Ajar llega a su clímax un año más tarde cuando se publica *La vida ante sí* y tiene tal éxito que es la favorita para el premio Goncourt. Gary, que teme que lo desenmascaren y al que seguramente le gustaría mantener el engaño hasta el final, se pone de acuerdo con Paul Pavlowitch, su primo pequeño, para que fingiera ser Ajar. El embuste funciona de maravilla y el público se deleita viendo el misterio por fin resuelto. La crítica también cae en la trampa. Mientras consideraban a Gary un «escritor acabado», alaban el genio de Ajar (algunos incluso aconsejaron a Gary que siguiera el ejemplo de su primo pequeño). La verdad aparecerá unos años más tarde, tras la muerte de Gary, dejando al público incrédulo y liberando a Paul Pavlowitch de un gran peso.

DESTACAR LA REALIDAD

Todos los adultos que rodean a Momo están de acuerdo en

decir que es un niño dotado de una sensibilidad que le hace un ser aparte.

El señor Hamil le predice una vida de creación (poeta o escritor). En cualquier caso, Momo se procura él mismo los recursos necesarios para escapar de la realidad a la que pertenece. Se aleja para crear otro mejor, para refugiarse (la leona, los payasos), o para crear las condiciones que le permitirán salir de la realidad y conocer una nueva, mejor, en un contexto nuevo, también mejor, (cuando la señora Rosa muere, a Momo lo acoge la familia de la señorita Nadine): «Puedo verlos a mi lado cuando quiero, puedo ver a cualquiera, a King Kong, a Frankenstein, a una bandada de pájaros heridos color de rosa» (Gary 2014, cap. 12).

Momo explota toda su creatividad para crear las condiciones que le permitirán resistir inmediatamente a una situación difícil. Pero la explotación tangible de su imaginación y de su fantasía también le permitirán desarrollar creatividad para su futuro. Se preocupará y mantendrá vivo el vínculo que lo une a la señorita Nadine lo suficiente como para que ella y su marido decidan ocuparse de Momo una vez que la señora Rosa fallezca.

ALGUNAS PREGUNTAS PARA PROFUNDIZAR EN SU REFLEXIÓN…

- Romain Gary no es el único novelista que atribuye tanta importancia a la oralidad en un texto. ¿En qué otras obras importantes se da un tratamiento particular a la lengua? ¿Cuáles son las implicaciones literarias de tal elección?
- ¿Qué otras obras de la literatura francesa adoptan un tono de humor e ironía para abordar una realidad social destacada? ¿Cuál es el impacto de semejante postura al transmitir un mensaje?
- Según Momo, ¿cuál es la función de los objetos y animales (reales o no) con los que se encariña? Justifique su respuesta.
- En los últimos capítulos, Momo se opone con violencia al doctor Katz por el asunto de la señora Rosa. ¿Qué posición defiende Momo? ¿Qué implica su postura? ¿Por qué el doctor Katz reacciona de ese modo?
- El lenguaje de Momo es muy imaginativo. Destaque el conjunto de las máximas filosóficas en las que se apoya. ¿En qué aspecto son representativas o no de su sistema de valores?
- ¿Qué puede decir de la normalidad al finalizar la lectura de semejante libro?
- ¿Cuáles son las distintas formas de comprender e interpretar el «escondite judío» de la señora Rosa?
- ¿Podríamos decir que *La vida ante sí* pasa de lo grotesco a lo sublime? ¿Por qué?
- El novelista americano Jonathan Safran Foer publicó en

2005 *Tan fuerte, tan lejos* donde el narrador es un niño de 9 años. Basándose en *La vida ante sí*, explique esta elección de narrador.

PARA IR MÁS ALLÁ

EDICIÓN DE REFERENCIA

- Gary, Romain. 2014. *La vida ante sí*. Traducido por Ana María de la Fuente. Barcelona: Debolsillo.

ESTUDIO DE REFERENCIA

- Lecarme-Tabone, Éliane. 2005. *La Vie devant soi de Romain Gary*. París: Gallimard, colección *Foliothèques*.

ADAPTACIONES

- *Madame Rosa*. Dirigida por Moshe Mizrahi, con Simone Signoret. Francia: Lira Films, 1977.
- Long, Didier y Xavier Jaillard. 2008. *La vie devant soi*.